Ce cahier de dessin et de coloriage appartient à

....

....

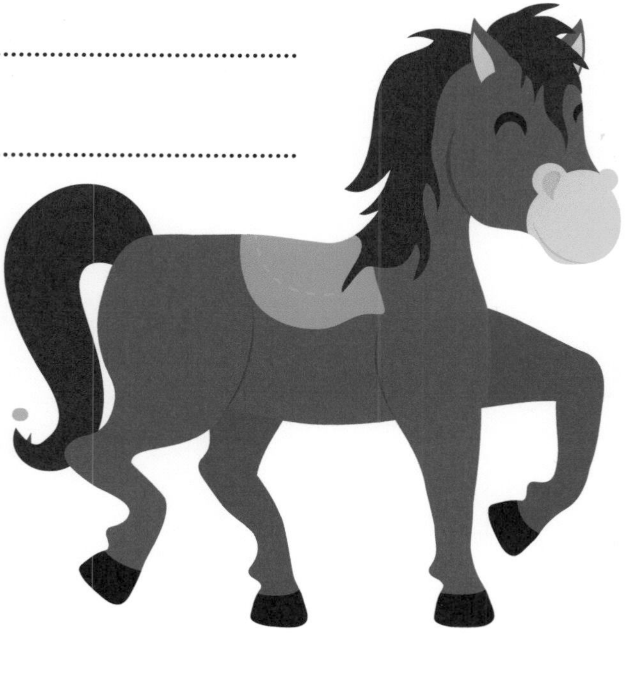

Je dessine en suivant
les pointillés,
puis je colorie.

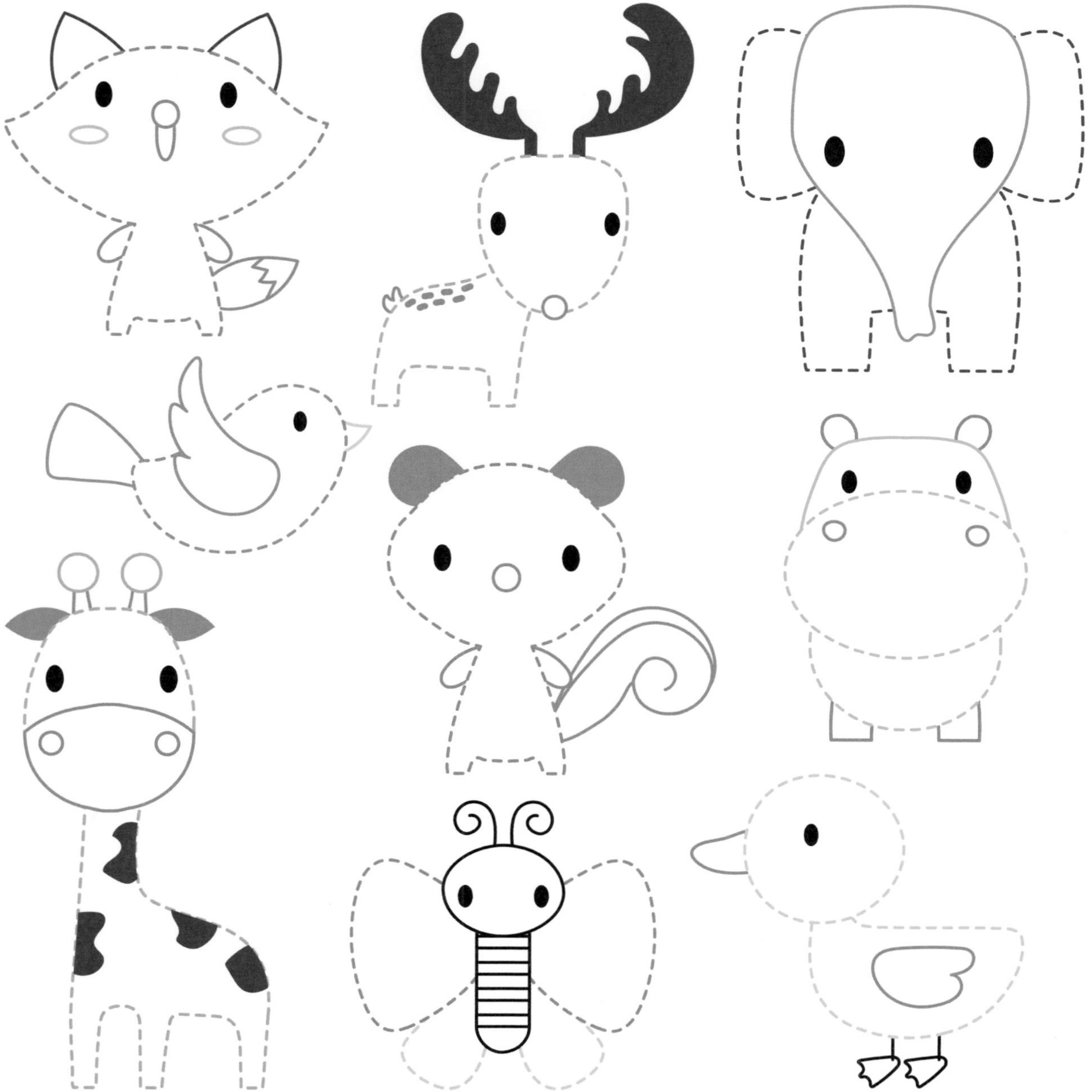

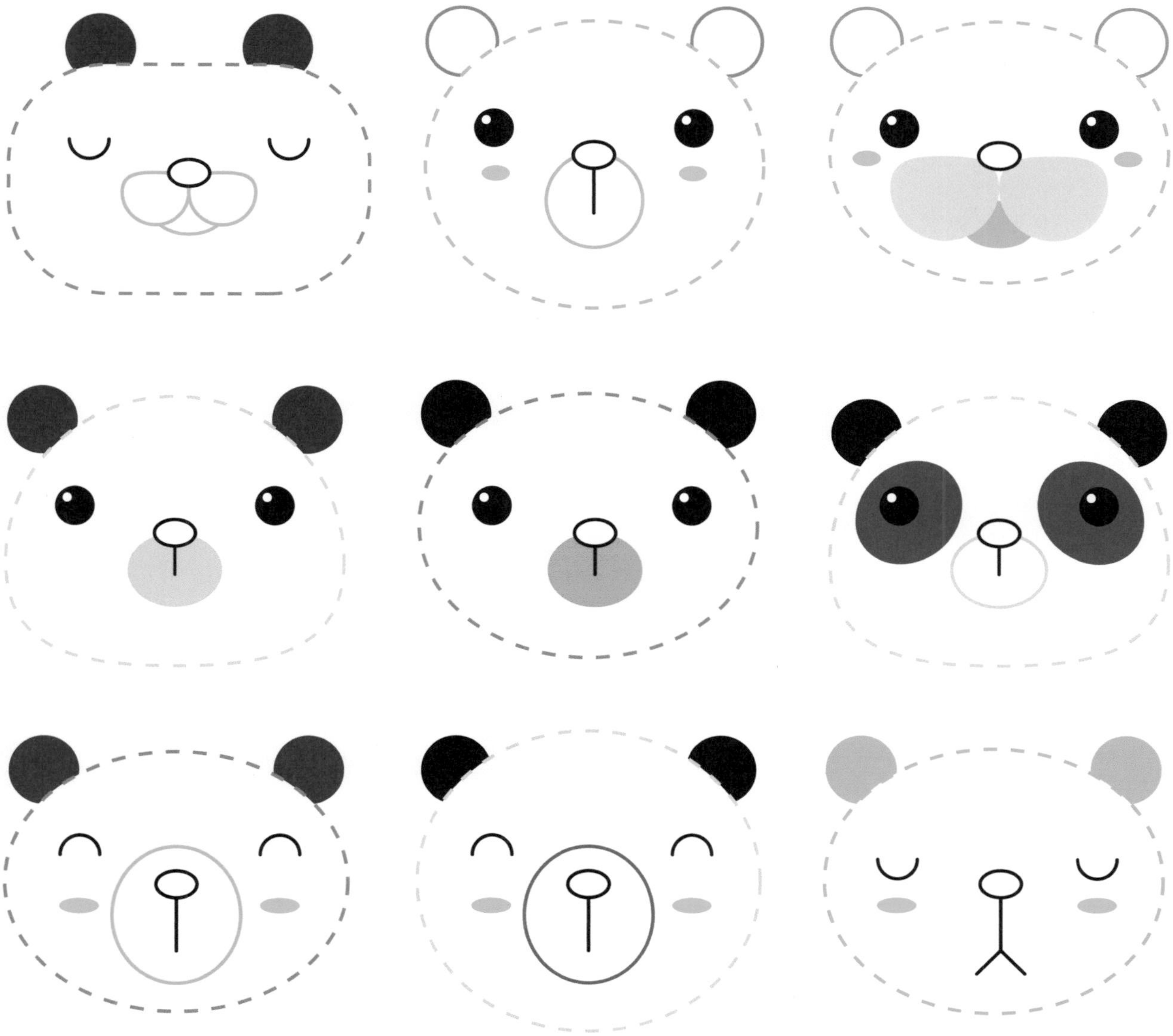

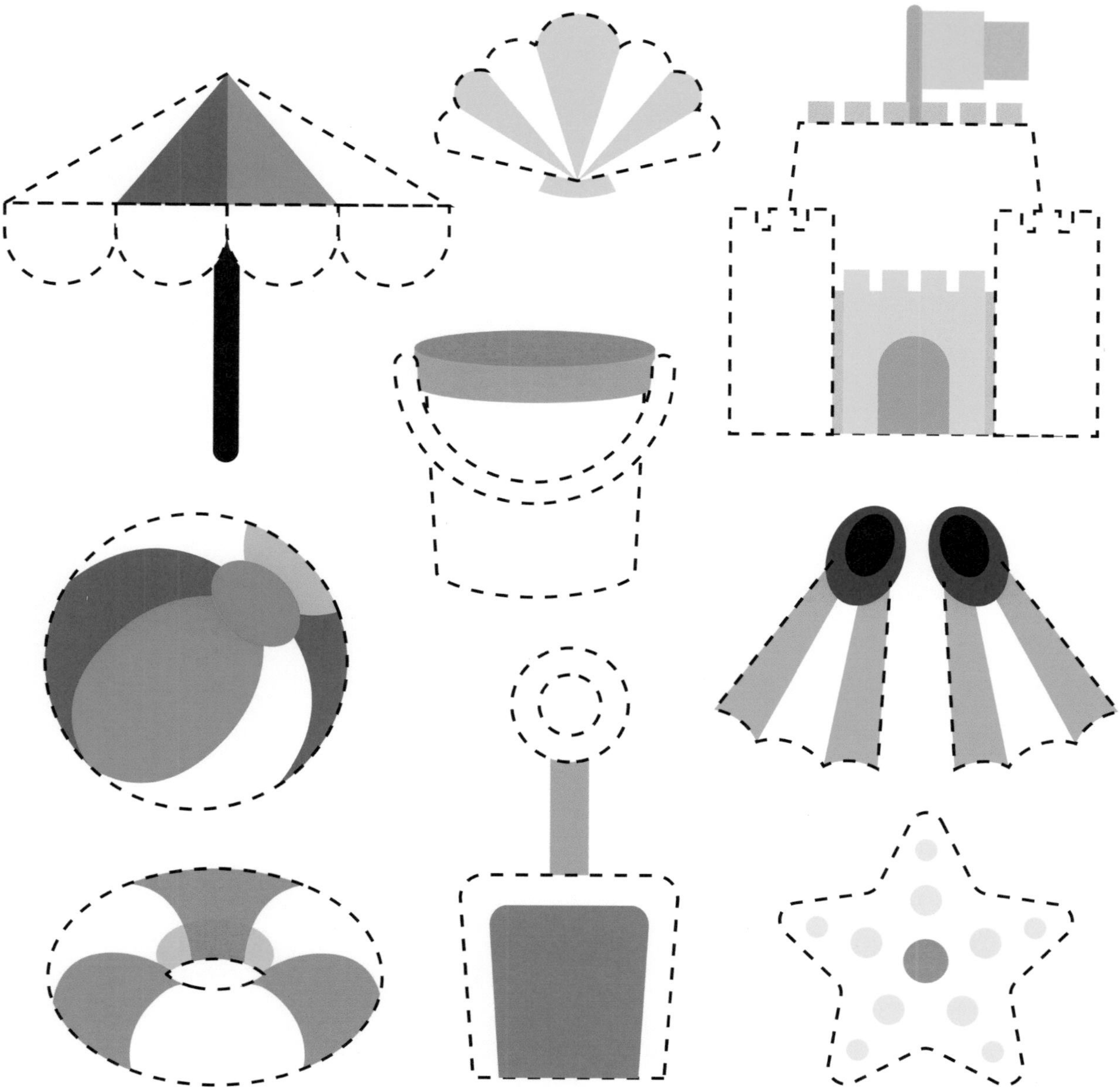

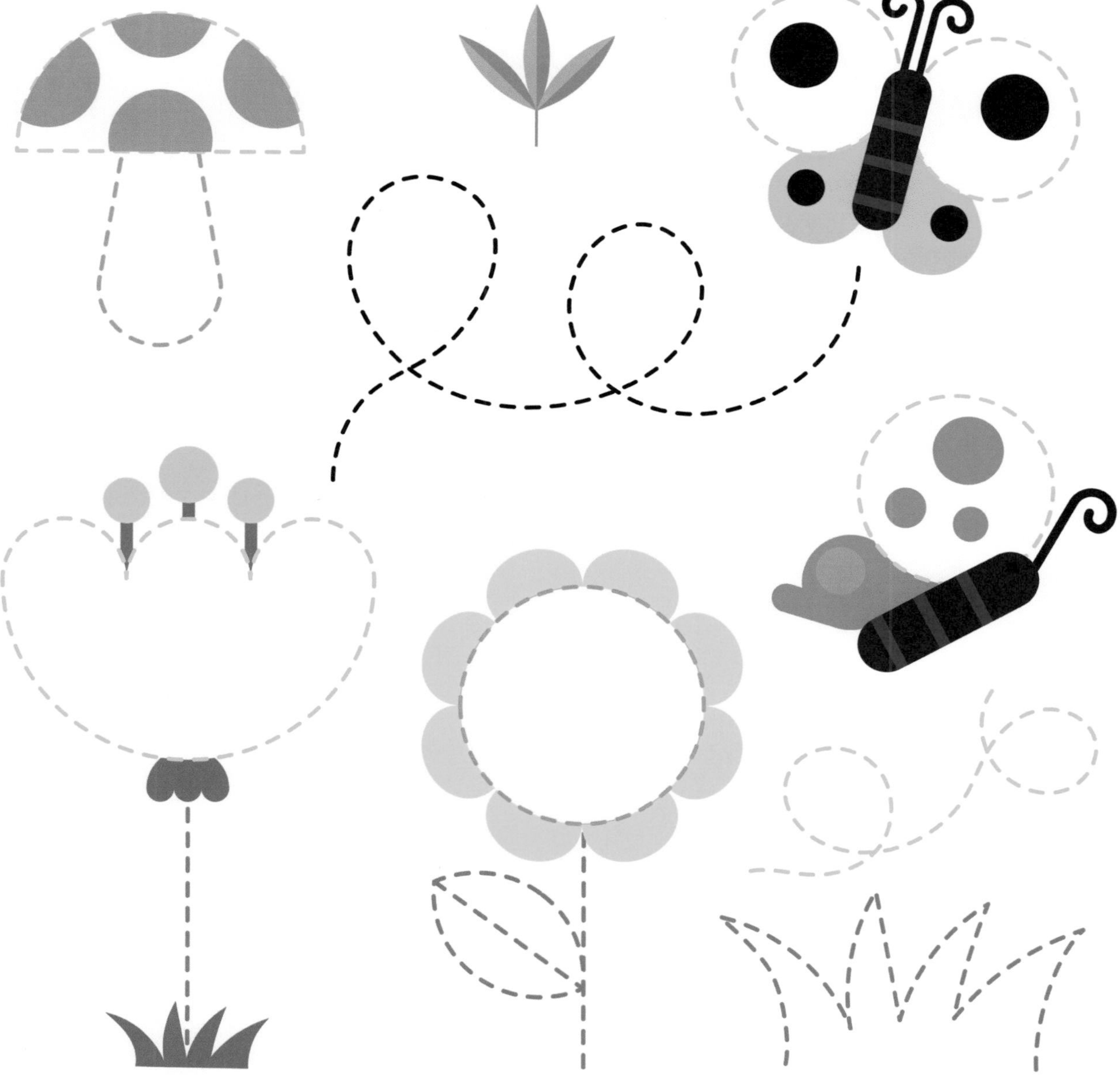

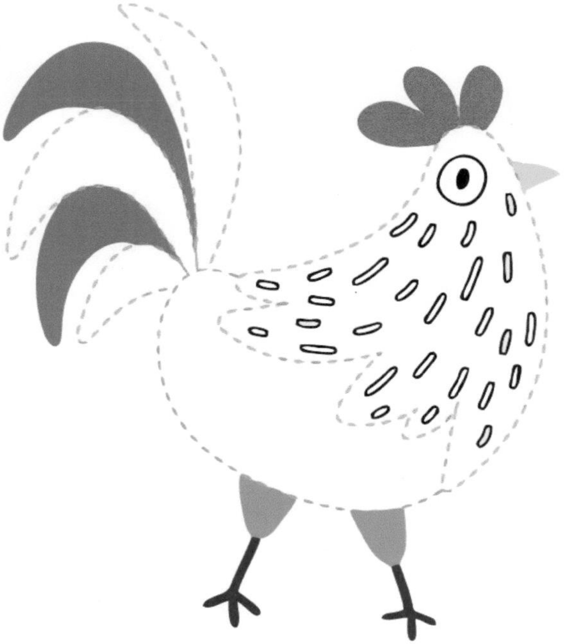
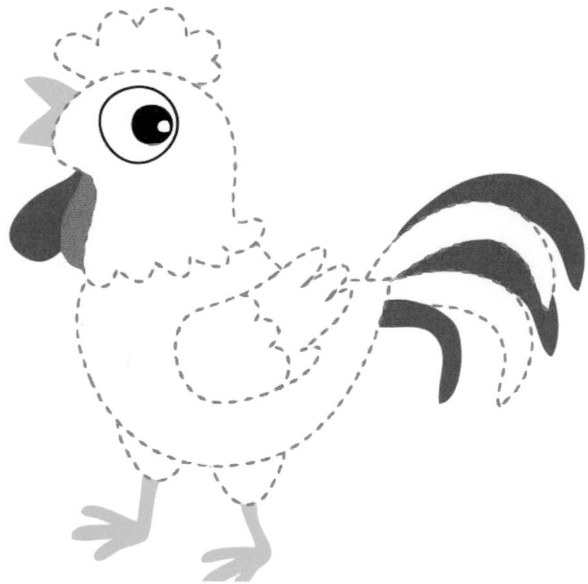
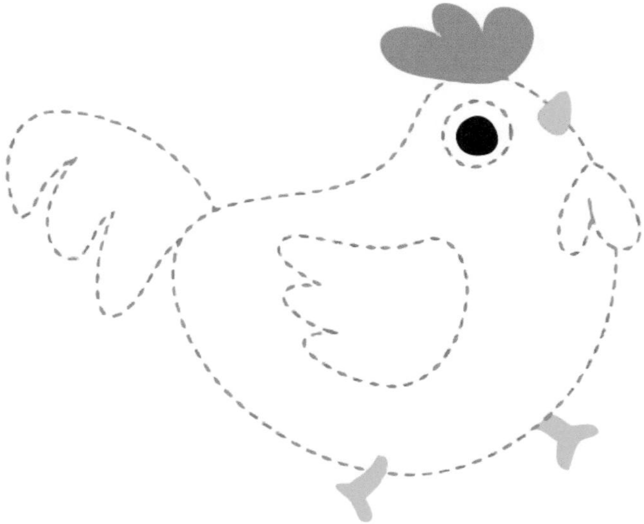
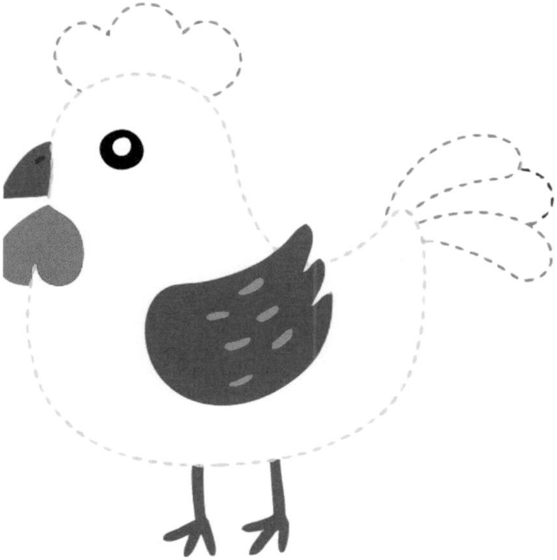

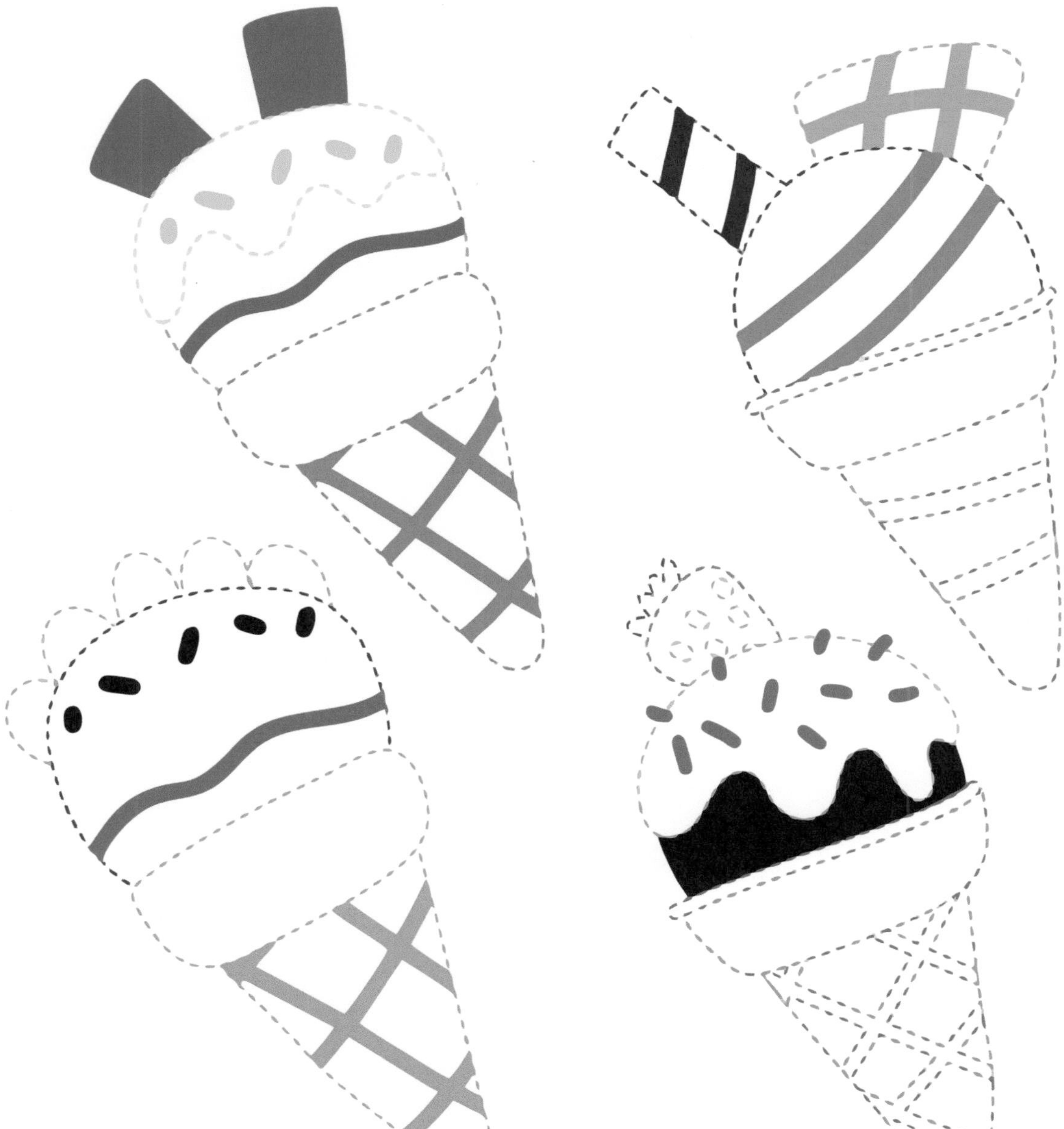

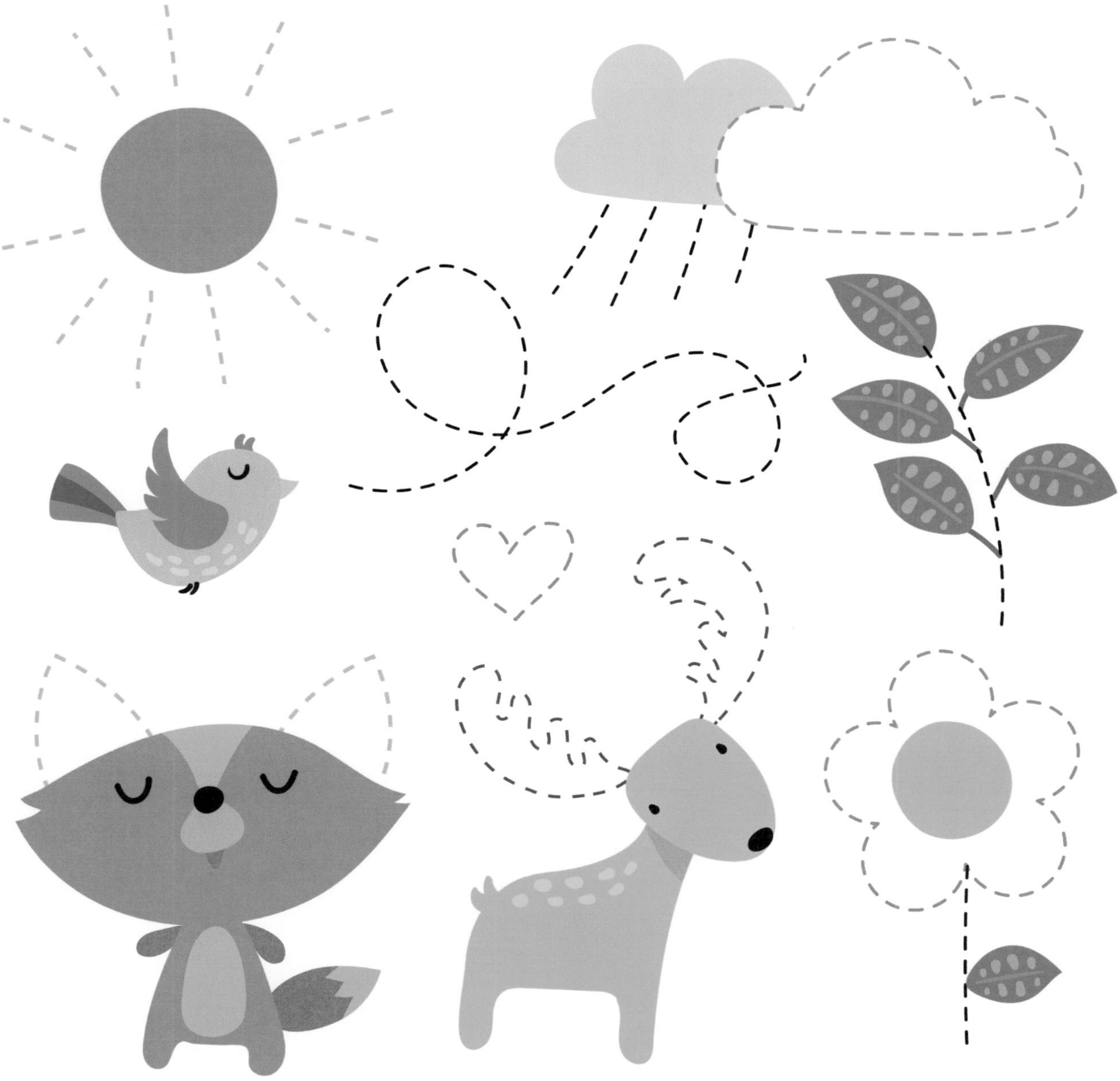

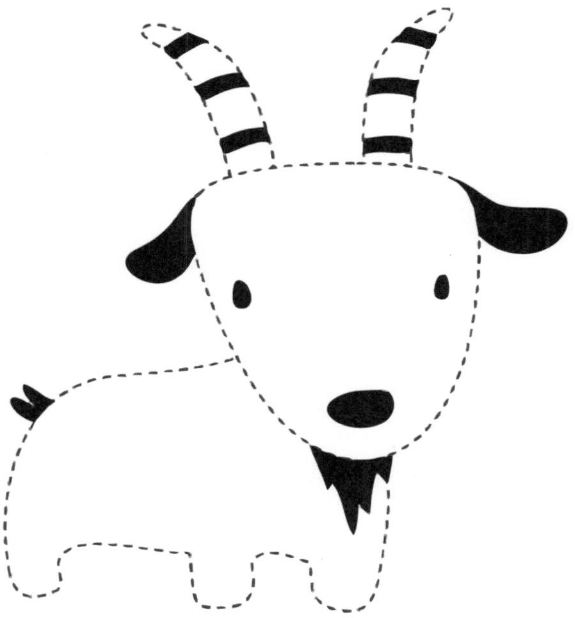
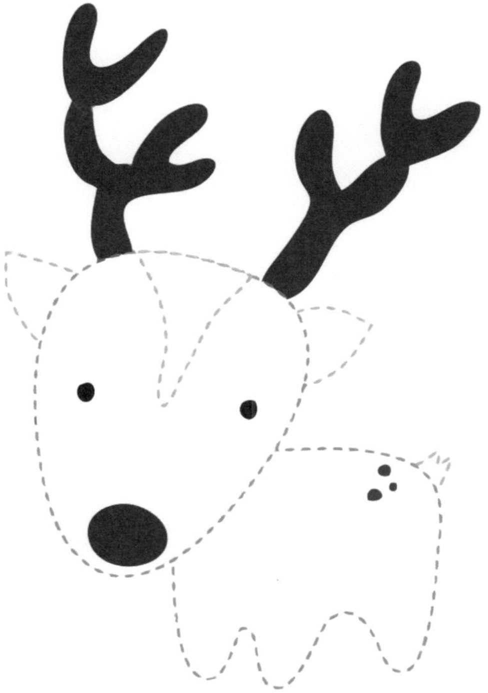
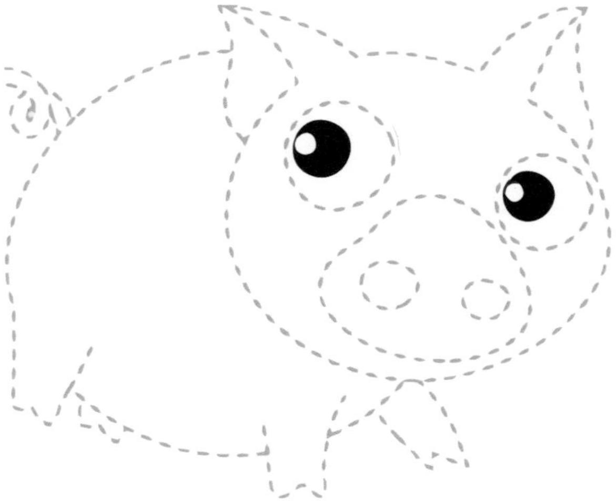
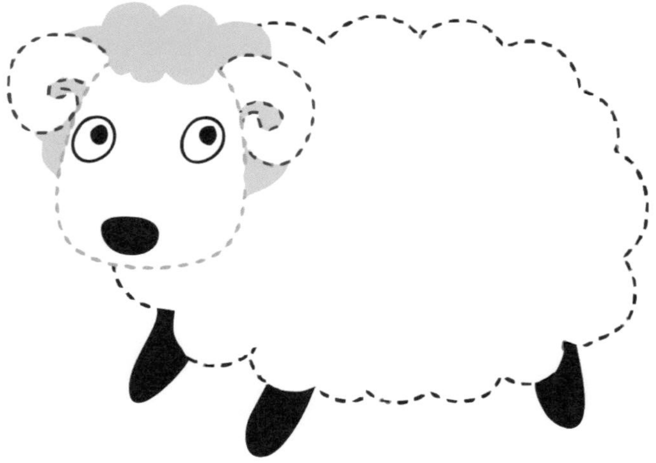

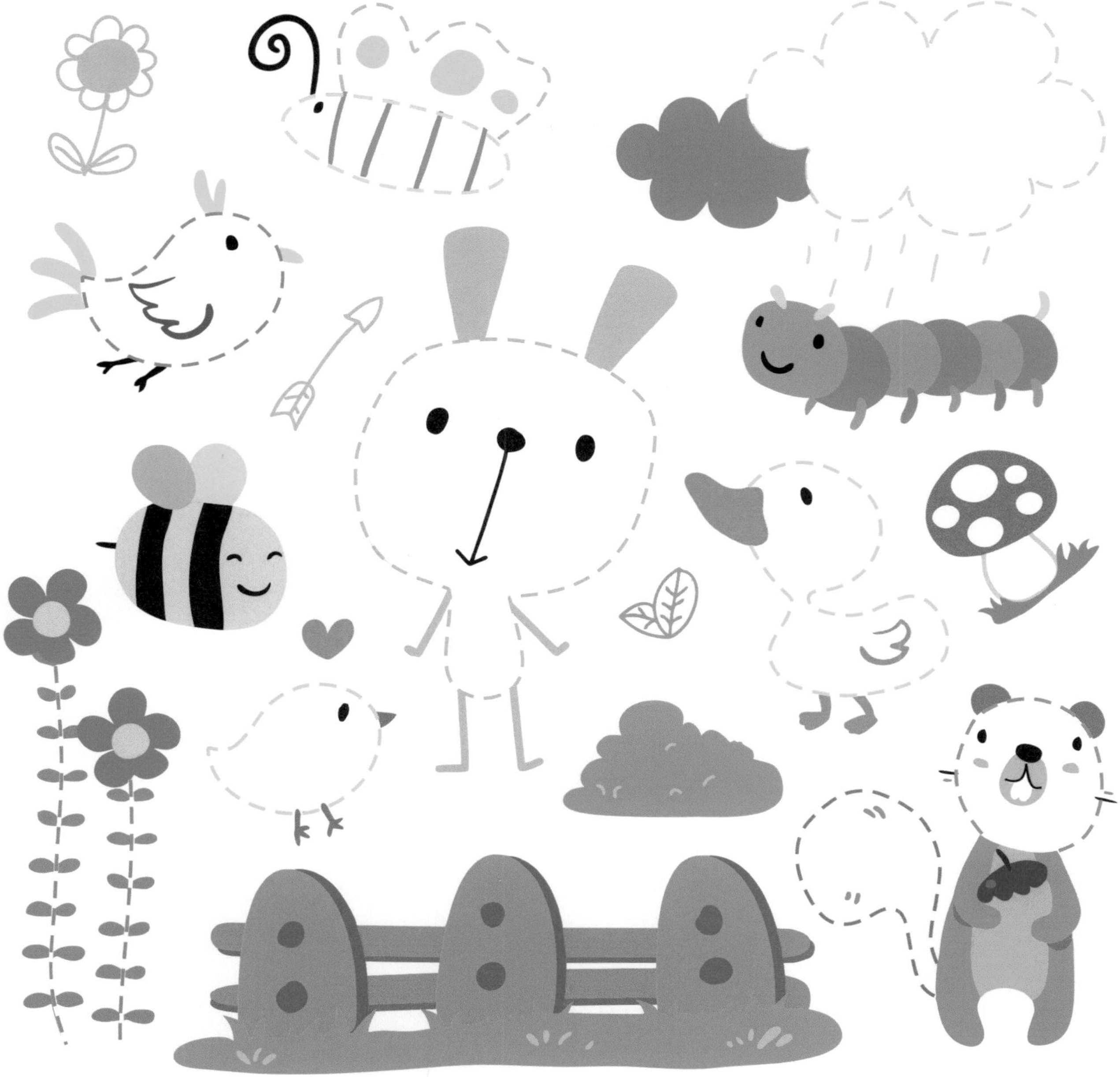

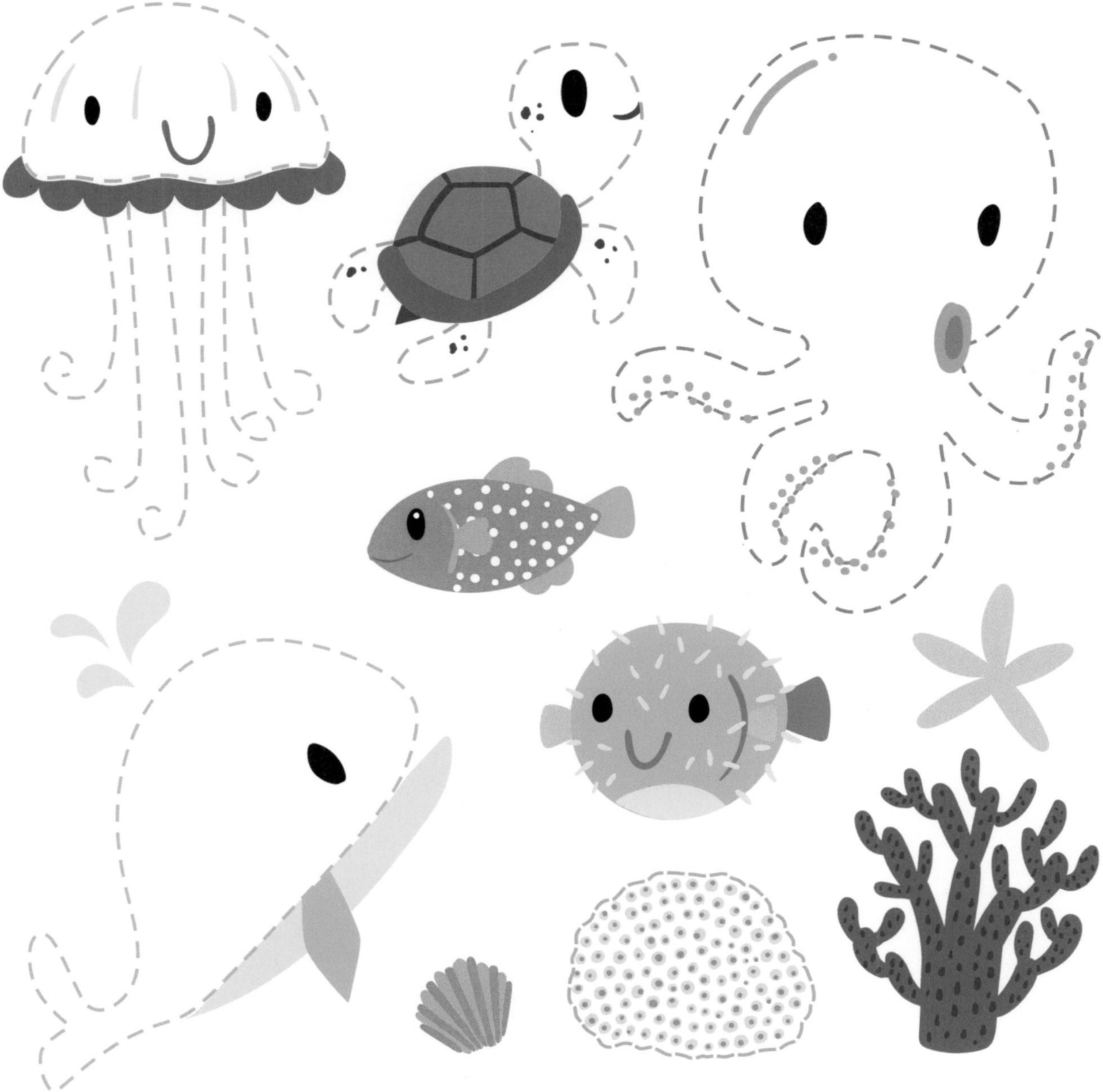

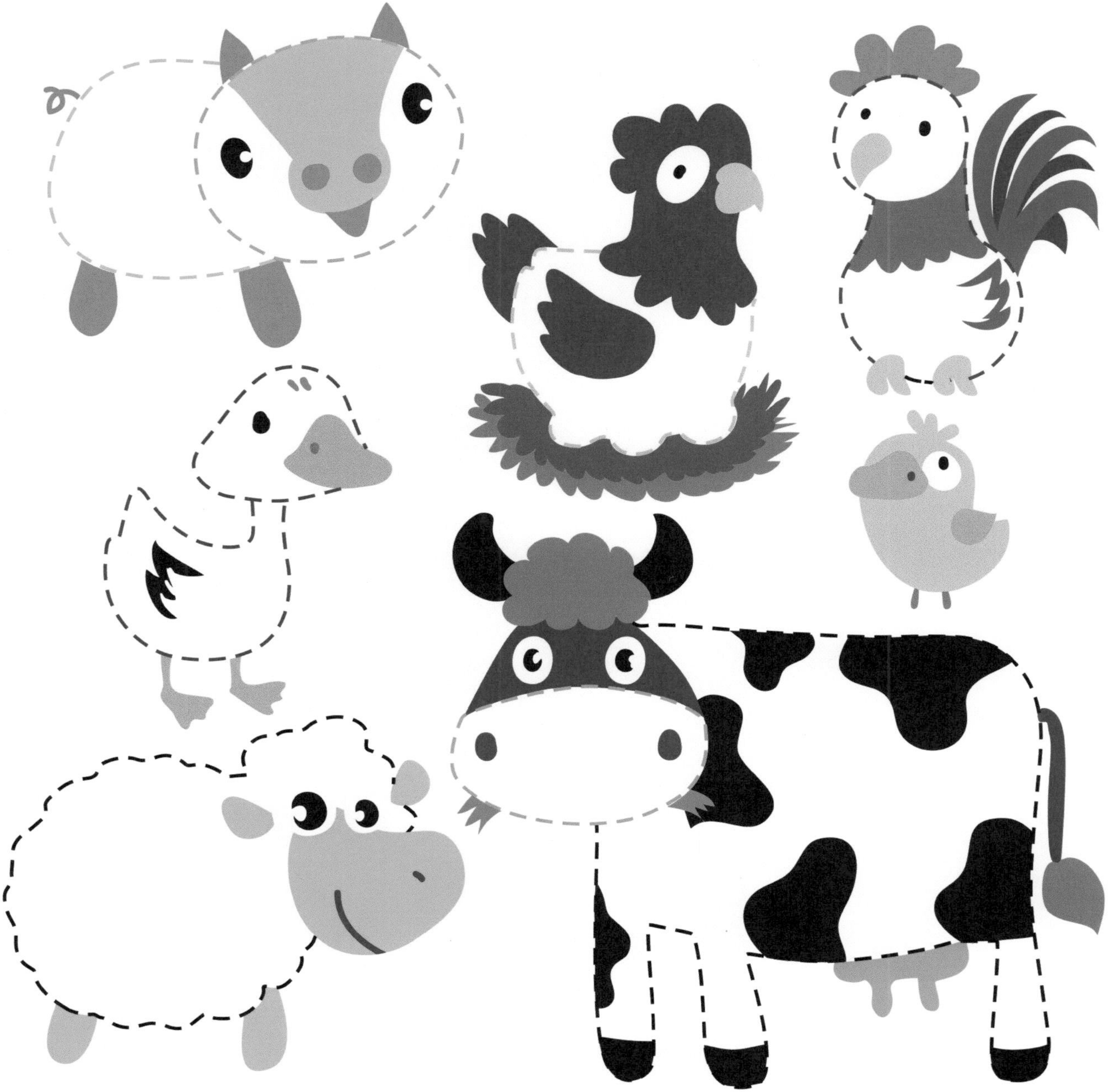

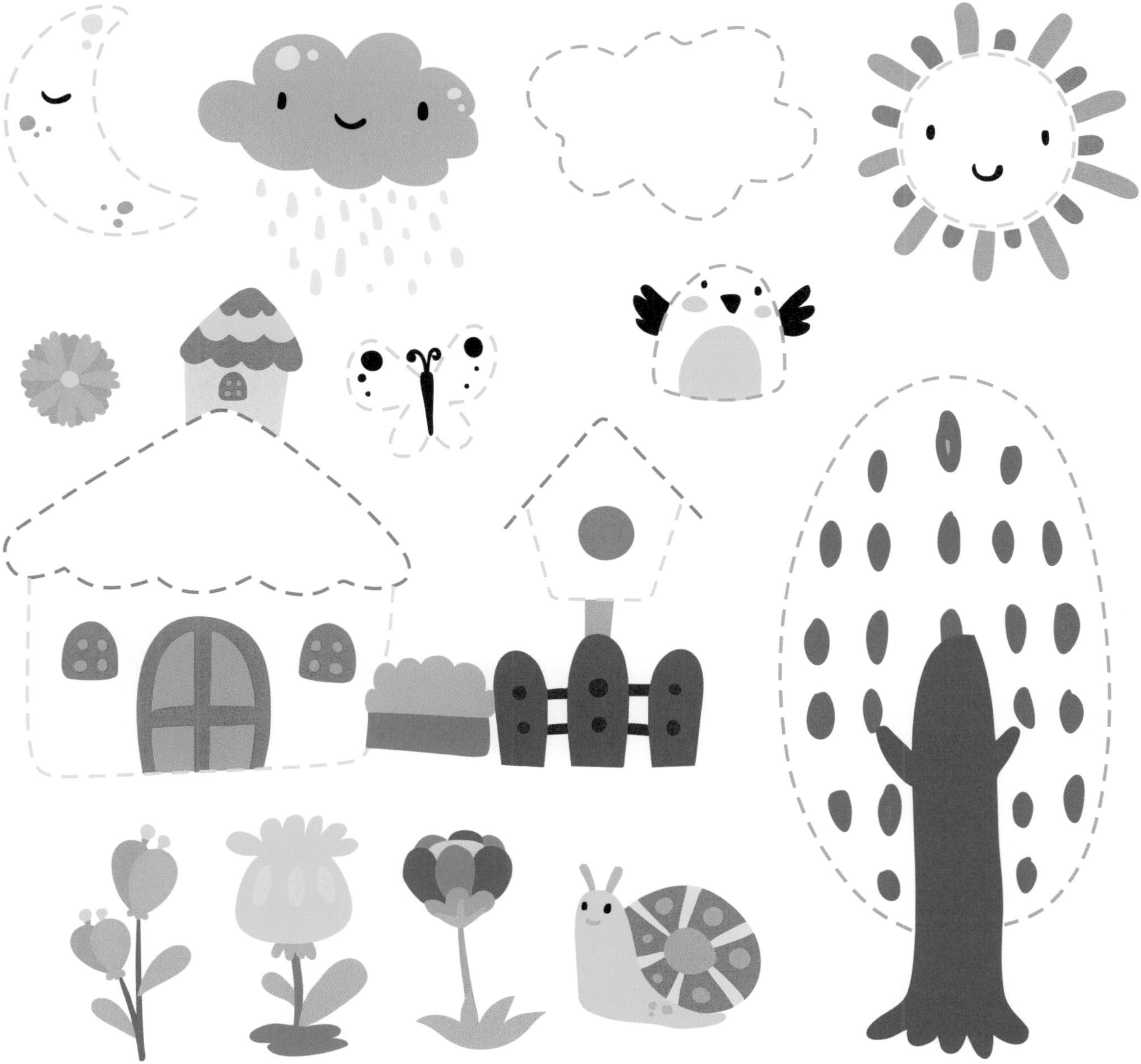

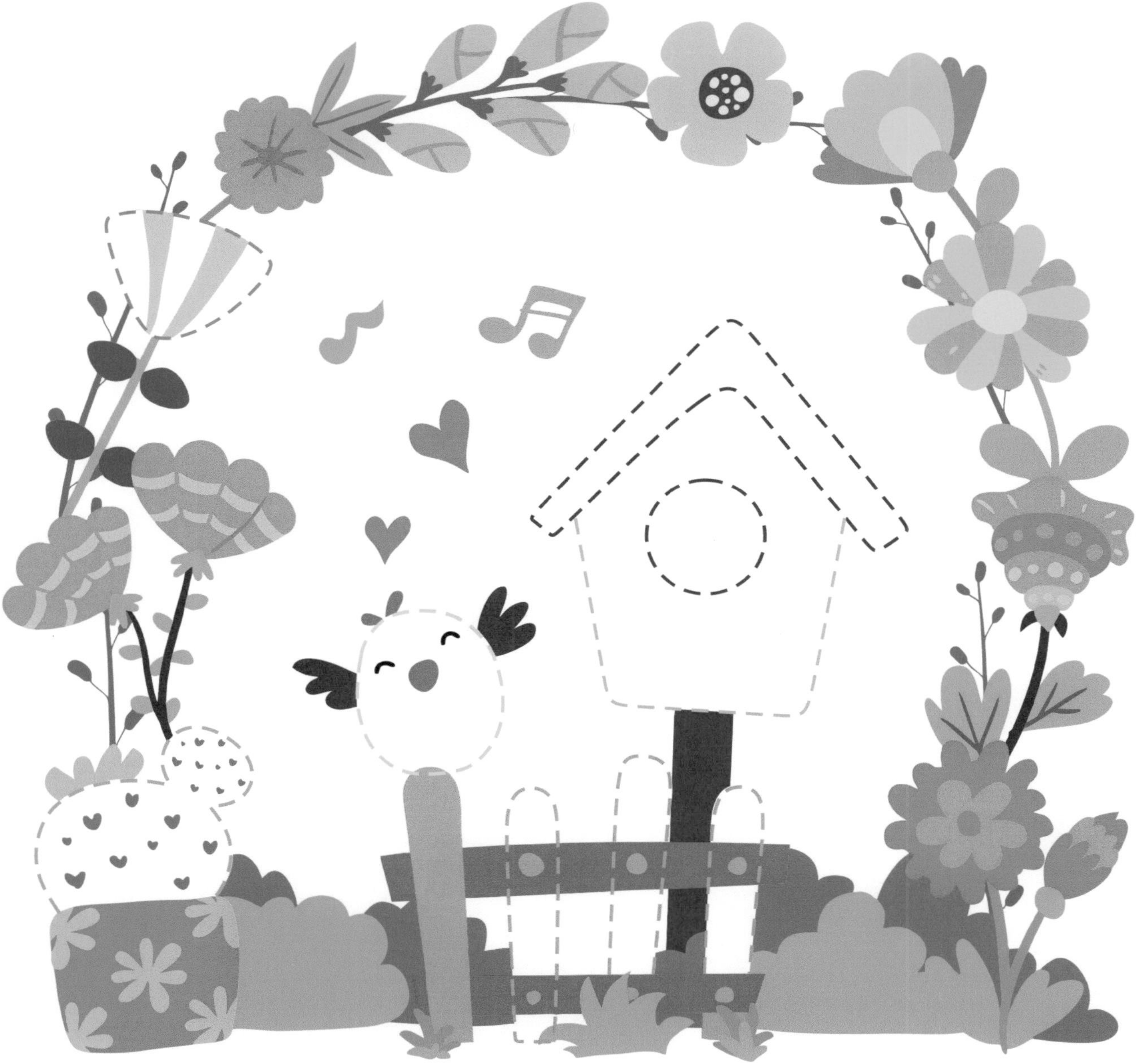

Printed in France by Amazon
Brétigny-sur-Orge, FR

13547415R00020